ARRÊT

DU

CONSEIL D'ÉTAT

FIXANT A **2,069,000** FRANCS LA SOMME DUE
PAR LA LÉGION D'HONNEUR POUR LE REMBOURSEMENT
DES ARRÉRAGES DES CENT ACTIONS
DU CANAL DU MIDI RENDUES A LA FAMILLE DE CARAMAN

ET ALLOUANT LES INTÉRÊTS DE CETTE SOMME
A PARTIR DU 27 MAI 1869

11 JUILLET ET 12 AOUT 1879

PARIS

IMPRIMERIE DE LA SOCIÉTÉ ANONYME DE PUBLICATIONS PÉRIODIQUES

13, QUAI VOLTAIRE, 13

1879

ARRÊT

DU

CONSEIL D'ÉTAT

FIXANT A **2,069,000** FRANCS LA SOMME DUE
PAR LA LÉGION D'HONNEUR POUR LE REMBOURSEMENT
DES ARRÉRAGES DES CENT ACTIONS
DU CANAL DU MIDI RENDUES A LA FAMILLE DE CARAMAN

ET ALLOUANT LES INTÉRÊTS DE CETTE SOMME
A PARTIR DU 27 MAI 1869

II JUILLET ET 12 AOUT 1879

PARIS

IMPRIMERIE DE LA SOCIÉTÉ ANONYME DE PUBLICATIONS PÉRIODIQUES

13, QUAI VOLTAIRE, 13

1879

ARRÊT

D U

CONSEIL D'ÉTAT

———❦———

Sur le rapport de la section du contentieux;

Vu la requête sommaire et le mémoire ampliatif présentés pour le grand chancelier de l'ordre national de la Légion d'honneur, agissant au nom et comme représentant du dit ordre; ladite requête et ledit mémoire enregistrés au secrétariat du contentieux du conseil d'État, les 25 janvier et 20 mars 1878, et tendant à ce qu'il plaise au conseil annuler une décision en date du 20 août 1877 par laquelle la commission instituée par la loi du 5 décembre 1814 a reconnu aux héritiers de Caraman droit aux arrérages des actions du canal du Midi numérotées 201 à 300 et qui leur ont été restituées à partir du second semestre de 1852 jusqu'au premier semestre de 1868 inclusivement et s'élevant à la somme de 1.204.000 fr.;

Ce faisant, attendu que cette décision ne mentionne pas les noms des membres de la commission qui y ont concouru, et qu'une telle omission constitue la violation des articles 138 et 141 du code de procédure civile; que, d'autre part, la décision attaquée a été prise sur le vu de documents irrégulièrement produits au débat; qu'en effet, pour suppléer à l'insuffisance des preuves fournies par les héritiers de Caraman à l'appui de leur réclamation, la commission a recouru aux comptes de la Légion d'honneur qui n'avaient pas été produits par les parties et qui ne lui avaient pas été communiqués;

Déclarer nulle, pour vices de forme, la décision du 20 août 1877; rejeter la demande des héritiers de Caraman à fin de restitution des arrérages des actions du canal du Midi, et les condamner aux dépens;

Vu la décision attaquée;

Vu le mémoire en défense présenté par le sieur Rouxel, agissant au nom et comme administrateur judiciaire des successions de Victor-Maurice de Riquet, comte de Caraman, et de Marie-Jean-Louis de Riquet, marquis de Caraman, ledit mémoire enregistré comme ci-dessus le 13 juin 1878 et tendant à ce qu'il plaise au conseil : attendu que les articles 138 et 141 du code de procédure civile ne sont pas applicables aux décisions de la commission instituée par la loi du 5 décembre 1814, et attendu, d'autre part, que les comptes de la Légion d'honneur, annexes des comptes de l'État, sont des documents officiels et publics dont la commission a pu faire usage sans qu'il fût nécessaire d'en exiger la production par les réclamants; rejeter le pourvoi du grand chancelier de la Légion d'honneur; subsidiairement, dans le cas où le conseil d'État croirait devoir annuler pour vices de forme la décision attaquée, retenir la cause, statuer au fond après vérification des documents dans lesquels les héritiers de Caraman ont puisé les chiffres par eux produits; leur allouer les sommes qu'ils ont réclamées devant la commission, et condamner la Légion d'honneur aux dépens;

Vu le mémoire en réplique présenté pour le sieur Rouxel, ledit mémoire enregistré comme ci-dessus le 4 février 1879, et dans lequel le sieur Rouxel maintient ses précédentes conclusions;

Vu la requête sommaire et le mémoire ampliatif présentés pour le sieur Rouxel agissant en la qualité ci-dessus définie; la dite requête et ledit mémoire enregistrés au secrétariat du contentieux du conseil d'État les 18 février et 24 mars 1878, et tendant à ce qu'il plaise au conseil annuler la décision ci-dessus visée du 20 août 1877 rendue par la commission instituée par la loi du 5 décembre 1814;

Ce faisant, attendu que c'est à tort que la commission a considéré que, dans les décisions antérieures par elle prises en 1866 et 1872 relativement à la remise des actions appartenant à la famille de Caraman, elle avait admis l'existence en 1845 d'un déficit de trois millions 500 mille francs dans le budget de la Légion d'honneur, et qu'ainsi la décision attaquée n'aurait pas dû opposer l'autorité de la chose jugée à la demande des héritiers de Caraman ayant pour objet de faire fixer à 1845 le point de départ de la restitution des arrérages de leurs actions, et attendu, au fond, qu'en tenant compte seulement des recettes et dépenses de la Légion d'honneur dont l'origine est antérieure à l'ordonnance du 19 juillet 1814, le budget de l'ordre pour 1845, loin de se solder en déficit, présente un excédent de recettes de 4.782.792 fr.; attendu, subsidiairement, que l'exercice 1846 a, lui aussi, présenté un excédent de près de 5 millions, défalcation faite des recettes et des dépenses non prévues en 1814, et que, dès lors, en supposant qu'un déficit de 3 millions et demi ait existé en 1845 dans le budget de la Légion d'honneur, ce déficit a cessé d'exister en 1846;

Décider que les héritiers de Caraman ont droit, à partir de l'année 1845, à la restitution des arrérages des 100 actions du canal du Midi portant les n°s 201 à 300, et fixer à 2.139.000 fr. le montant de ces arrérages; subsidiairement, décider qu'ils ont droit à la restitution des dits arrérages à partir de 1846, et en fixer le montant à 2.069.000 fr.; allouer les intérêts de ces sommes à partir du 24 avril 1868, jour où ils ont été pour la première fois demandés, et les intérêts des arrérages du premier semestre de 1868 à partir du 27 mai 1869; accorder les intérêts des intérêts à dater du 4 septembre 1872, pour les intérêts échus alors, à dater du 5 juillet 1874 pour les intérêts échus à cette nouvelle date, et à dater du 18 février 1878 pour ceux de nouveau échus alors; enfin, condamner la Légion d'honneur aux dépens;

Vu le mémoire en défense présenté pour le grand chancelier de l'ordre national de la Légion d'honneur, le dit mémoire enregistré comme ci-dessus le 4 juillet 1878 et tendant au rejet du pourvoi avec dépens, attendu que les héritiers de Caraman ne sont pas recevables à soutenir, contrairement à ce qui a été jugé par la commission dans ses décisions de 1866 et de 1872, décisions confirmées par le conseil d'État, que le budget de la Légion d'honneur n'a pas présenté, en 1845, un déficit de 3,500,000 fr., et qu'afin d'établir que ce déficit a été couvert dès 1846, ils ne sont pas davantage recevables à contester les éléments de recettes et de dépenses qui ont été admis pour les budgets antérieurs à celui de l'exercice 1846, par la commission et par le conseil d'État; attendu, d'autre part, en ce qui touche les intérêts, que leur point de départ a été, avec raison, fixé par la décision attaquée au 27 mai 1869, par le motif qu'ils n'avaient pas été régulièrement demandés antérieurement à cette date, et, en ce qui touche les intérêts des intérêts, que la même décision a refusé à bon droit de les allouer par le motif que les intérêts échus d'arrérages ne sont pas susceptibles de produire eux-mêmes des intérêts:

Vu les observations du ministre des finances en réponse à la communication qui lui a été donnée tant du pourvoi du grand chancelier de l'ordre national de la Légion d'honneur que du pourvoi du sieur Rouxel ; les dites observations enregistrées comme ci-dessus, le 25 novembre 1878 ;

Vu le mémoire en réplique présenté pour le sieur Rouxel, le dit mémoire enregistré comme ci-dessus le 4 février 1879 et dans lequel le requérant déclare persister dans ses précédentes conclusions, et conclut à une nouvelle allocation d'intérêts des intérêts échus ;

Vu les comptes définitifs des recettes et des dépenses de la Légion d'honneur pour les années qui ont précédé et suivi l'année 1845 ;

Vu la décision en date du 28 juillet 1866, par laquelle la commission instituée par la loi du 5 décembre 1814 a ordonné, sur la réclamation des héritiers de Caraman, que remise leur serait faite des 100 actions du canal du Midi, portant les n°ˢ 201 à 300 ;

Vu le décret rendu au contentieux, en date du 17 février 1869, qui repousse le pourvoi dirigé par le grand chancelier de la Légion d'honneur contre la décision du 28 juillet 1866 ;

Vu la décision en date du 12 juillet 1872, par laquelle la commission ci-dessus dénommée a rejeté la demande des héritiers de Caraman en tant qu'elle avait pour objet de faire fixer à l'année 1818 et au plus tard à l'année 1828 l'époque à partir de laquelle ils auraient eu droit à la restitution des arrérages des 100 actions du canal du Midi, et a autorisé les héritiers de Caraman à produire tous titres et documents tendant à établir l'époque à laquelle postérieurement à 1845 et antérieurement à 1865, les dépenses de la Légion d'honneur calculées d'après les bases fixées par l'ordonnance du 19 juillet 1814 ayant été couvertes par les recettes, le droit à la remise des actions s'est ouvert à leur profit ;

Vu la décision en date du 5 juin 1874 rendue par le conseil d'État statuant au contentieux et rejetant les pourvois formés contre la décision qui précède, tant par les héritiers de Caraman, que par le grand chancelier de l'ordre national de la Légion d'honneur ;

Vu le décret du 16 janvier 1810, portant affectation de 100 actions du canal du Midi à la dotation des maisons d'Écouen et de Saint-Denis et les lettres d'investiture desdites actions délivrées le 10 août 1810 au grand chancelier de la Légion d'honneur ;

Vu la loi du 5 décembre 1814 ;

Vu l'ordonnance royale du 19 juillet 1814 ;

Vu les lois des 15 mars 1815, 6 juillet 1820, 19 et 21 avril 1832, 16 juin 1837 et 21 juin 1845;

Vu les articles 1351, 1163 et 1154 du code civil,

Ouï M. Gomel, maître des requêtes, en son rapport;

Ouï Mᵉ Larnac, avocat du grand chancelier de la Légion d'honneur, et Mᵉ Bosviel, avocat des héritiers de Caraman, en leurs observations;

Ouï M. Braun, maître des requêtes, commissaire du Gouvernement, en ses conclusions;

Considérant que les deux pourvois ci-dessus visés sont connexes et qu'il y a lieu de les joindre pour y être statué par une même décision;

En ce qui touche le pourvoi du grand chancelier de l'ordre national de la Légion d'honneur;
Sur le moyen tiré de la violation des dispositions de l'article 141 du Code de procédure civile;

Considérant que le procès-verbal de la séance du 20 août 1877, dans laquelle la commission instituée par la loi du 5 décembre 1814 a statué sur la réclamation des héritiers de Caraman, mentionne les noms des membres qui ont participé à la décision, et que si cette mention n'est pas consignée sur l'expédition qui a été remise au grand- chancelier de la Légion d'honneur, cette irrégularité n'est pas de nature à faire prononcer l'annulation de ladite décision.

Sur le moyen tiré de ce que la Commission aurait statué sur le vu des pièces qui n'auraient pas été produites par les parties en cause:

Considérant que les budgets et les comptes de l'ordre de la Légion d'honneur sont des annexes des budgets et comptes de l'Etat, et qu'ils sont réglés et publiés dans les mêmes formes; qu'il suit de là que la commission a pu, à l'effet de vérifier les calculs des réclamants, recourir à ces documents bien qu'ils n'eussent pas été produits devant elle.

En ce qui touche le pourvoi des héritiers de Caraman.

Considérant que les requérants prétendent avoir droit, à partir de l'année 1845 inclusivement, à la restitution des arrérages des 100 actions du canal du Midi portant les n°s 201 à 300, qui leur ont été remises à la suite et en vertu de la décision ci-dessus visée prise le 28 juillet 1866 par la commission qu'a instituée la loi du 5 décembre 1814 ;

Mais considérant que par sa décision en date du 12 juillet 1872, ladite commission a rejeté la demande des héritiers de Caraman en tant qu'elle avait pour objet de faire fixer à 1828 l'époque à laquelle ils auraient eu droit à la restitution des arrérages de leurs actions, et qu'elle a, en même temps, autorisé les requérants à produire tous titres et documents propres à établir l'époque à laquelle, postérieurement à 1845 et antérieurement à 1865, le droit à la remise des actions s'est ouvert à leur profit ; que le recours formé par les héritiers de Caraman contre cette décision a été rejeté par le conseil d'État à la date du 5 juin 1874 ; qu'ainsi il a été définitivement jugé que les requérants n'ont pas droit pour l'année 1845 à la jouissance des arrérages des actions dont ils ont obtenu la remise ; qu'il y a chose jugée à cet égard, et que, dès lors, la seule question à résoudre par le conseil d'État est celle de savoir à quelle époque, postérieurement à 1845 et antérieurement à 1865, la condition fixée par la loi du 5 décembre 1814 pour la remise des actions et la restitution des arrérages s'est trouvée réalisée ;

Considérant que par la décision attaquée la Commission a disposé que le droit au remboursement des arrérages ne s'est ouvert au profit des héritiers de Caraman qu'à partir de l'expiration du premier semestre de 1852, et que pour le décider ainsi elle s'est fondée, d'une part, sur ce que ses décisions antérieures en date du 28 juillet 1866 et du 12 juillet 1872 auraient reconnu l'existence, à la fin de l'exercice 1845, d'un déficit de 3,500,000 fr., à la charge de la Légion d'honneur, et, d'autre part, sur ce que ce déficit n'aurait été couvert que dans le courant du premier semestre de 1852 par les excédents des recettes calculées d'après les dispositions de l'ordonnance du 19 juillet 1814 sur les dépenses calculées de la même façon ;

Mais considérant que la commission n'a eu à se prononcer et ne s'est effectivement prononcée, ni en 1866, ni en 1872, sur l'existence et le montant d'un déficit dans les comptes de l'ordre en 1845 ; que la question d'existence de ce déficit, distincte de celles sur lesquelles la commission avait à statuer n'a pas été débattue devant elle et n'a pas davantage été examinée devant le conseil d'État à l'occasion des recours dont il était saisi ; que les décisions prises en 1869, 1866, 1872 et 1874, tant par la commission que par le conseil, ont simplement disposé que le droit des héritiers de Caraman à la remise des actions par eux réclamées ainsi qu'à la restitution des arrérages de ces actions s'est ouvert à une date postérieure à 1845, et qu'ainsi ces décisions ne font pas obstacle à ce que les requérants puissent soutenir qu'au début de l'exercice 1846 il n'existait aucun déficit à la charge de la Légion d'honneur ;

Considérant qu'il résulte des comptes de recettes et de dépenses de la Légion d'honneur que, lors de la clôture de l'exercice 1845, le montant des déficits successifs constatés depuis 1820 à la charge de l'ordre, atteignait la somme de 3,500,848 fr.; mais qu'il importe de rechercher quelle est l'origine de ces déficits et s'ils n'ont pas pour cause les charges qui ont été imposées à la Légion d'honneur postérieurement à 1814 ;

Considérant, à ce point de vue, qu'aux termes de l'article 10 de la loi du 5 décembre 1814, les actions représentant la valeur des canaux de navigation, qui avaient été affectées aux dépenses de la Légion d'honneur, devaient être rendues aux anciens propriétaires de ces canaux ou à leurs représentants aussitôt que, par suite des dispositions de l'ordonnance du 19 juillet 1814, leur revenu cesserait d'être employé aux mêmes dépenses; qu'il convient donc, pour reconnaître à quelle époque s'est trouvée réalisée la condition fixée par la loi du 5 décembre 1814 pour la remise des actions et la restitution de leurs arrérages, de s'attacher uniquement aux recettes et aux dépenses de l'ordre rentrant dans les prévisions de l'ordonnance du 19 juillet 1814 ;

Considérant que, d'après les dispositions de ladite ordonnance, les nominations ou promotions dans la Légion d'honneur ne devaient, à l'avenir, donner aucun droit à traitement, que la maison de Saint-Denis devait être seule conservée avec un nombre d'élèves ne pouvant pas dépasser 400, et que les établissements créés pour l'éducation des orphelines devaient être supprimés ; que ces différentes dispositions avaient pour objet, en réduisant considérablement les dépenses de la Légion d'honneur, de hâter le moment où par suite des extinctions survenant parmi les membres de l'ordre nommés antérieurement à l'ordonnance du 19 juillet 1814, les actions des canaux de navigation pourraient être rendues aux anciens propriétaires de ces canaux;

Considérant que plusieurs actes législatifs ont, postérieurement à 1814, beaucoup accru les dépenses de la Légion d'honneur, notamment en accordant un traitement annuel de 250 fr. aux sous officiers et soldats décorés depuis le 6 avril 1814 et des traitements variables suivant le grade aux légionnaires promus dans l'ordre depuis la même époque; en allouant un supplément de traitement de 100 fr. par an aux membres de la Légion d honneur dont la nomination était antérieure au 6 avril 1814 et en adjoignant des succursales à la maison d'éducation de Saint-Denis; qu'afin de permettre à la Légion d'honneur de faire face aux nouvelles charges qui lui étaient imposées, l'État lui a, il est vrai, donné des subventions, mais que ces subventions ont été insuffisantes et que les budgets de l'ordre se sont par suite soldés pendant plusieurs années en déficit;

Considérant que de ce qui précède il résulte que le déficit constaté dans les comptes de la Légion d'honneur à la fin de l'exercice 1845 provenait de dépenses autres que celles admises par l'ordonnance du 19 juillet 1814; qu'il n'y a donc pas lieu d'en tenir compte, et qu'il faut examiner si, dès 1846, ainsi que le soutiennent les héritiers de Caraman, les recettes et les dépenses de la Légion d'honneur calculées conformément aux dispositions de l'ordonnance de 1814 et défalcation faite du produit des actions des canaux de navigation, étaient en équilibre;

Considérant que, d'après le compte définitif de l'exercice 1846, les recettes de la Légion d'honneur se sont élevées à 7.940.710 fr., et les dépenses à 7 922.003 fr.; qu'il y a lieu de déduire des recettes une somme de 900.000 fr. qui a été avancée à la Légion d'honneur par la caisse des Dépôts et Consignations en vertu de la loi du 21 juin 1845; qu'il convient également de retrancher des dépenses 1.581.012 fr. pour les traitements des sous-officiers et soldats décorés et des légionnaires promus postérieurement au mois de juillet 1814; 925.412 fr. pour suppléments de traitement accordés par la susdite loi du 21 juin 1845, et 307.387 fr. pour les dépenses des succursales de la maison de Saint-Denis; que les recettes se trouvent ainsi ramenées à 7.040.710 fr., et les dépenses à 5.108.192 fr., et qu'il ressort de ces chiffres un excédent de recettes de 1.932.518 fr.;

Considérant que si, dans la décision attaquée, la commission n'est pas arrivée au même résultat en ce qui concerne l'excédent de l'année 1846, c'est parce qu'elle a omis, à tort, de déduire des dépenses les traitements pour nominations et promotions dans l'ordre depuis 1814, ainsi que les frais d'entretien des succursales de la maison de Saint-Denis;

Considérant que, pendant l'année 1846, le produit des actions du canal du Midi affectées à la Légion d'honneur n'a pas dépassé 130,000 fr.; que, dès lors, en présence d'un excédent de recettes de plus de 1,900,000 fr., le produit de ces actions n'était pas nécessaire pour couvrir les dépenses de l'ordre calculées d'après les bases fixées par l'ordonnance du 19 juillet 1814; qué les héritiers de Caraman sont donc fondés à réclamer, à partir du premier semestre de 1846, la restitution des arrérages des 100 actions dònt ils ont obtenu la remise ; qu'il n'est pas contesté que de 1846 à la fin du premier semestre de 1868, époque à laquelle lesdites actions leur ont été rendues, le produit net des arrérages réclamés a été de 2,069,000 fr., et que, dès lors, il y a lieu de condamner la Légion d'honneur à payer aux requérants la somme de 2,069,000 fr.

Sur les intérêts :

Considérant que les héritiers de Caraman ne justifient pas avoir demandé avant le 27 mai 1869, les intérêts des sommes qui leur étaient dues par la Légion d'honneur, et que, dès lors, c'est avec raison que la décision attaquée ne leur a alloué les intérêts qu'à partir de cette date.

Sur les intérêts des intérêts :

Considérant qu'aux termes de l'article 1154 du code civil, les intérêts échus peuvent être capitalisés pour produire eux-mêmes des intérêts, pourvu qu'ils soient dus pour une année entière et qu'il en soit fait une demande spéciale ;

Considérant que les requérants ont demandé les intérêts des intérêts échus : 1° le 4 septembre 1872; 2° le 5 juillet 1874; 3° le 18 février 1878; 4° le 4 février 1879 ; qu'il leur était dû, lors de leurs trois premières demandes, plus d'une année d'intérêts; qu'il y a donc lieu de leur accorder, à partir du 4 septembre 1872, du 5 juillet 1874 et du 18 février 1878, les intérêts des intérêts échus à ces dates; mais que lorsque les héritiers de Caraman ont formé, le 4 février 1879, leur dernière demande d'intérêt des intérêts, ceux-ci n'étaient pas dus pour une année entière.

Décide :

ARTICLE PREMIER

Le pourvoi du grand chancelier de l'ordre national de la Légion d'honneur est rejeté.

ARTICLE 2.

La décision en date du 20 août 1877 de la commission instituée par la loi du 5 décembre 1814 est annulée.

ARTICLE 3.

La Légion d'honneur payera aux héritiers de Caraman la somme de 2,069,000 fr. à titre de restitution des arrérages depuis 1846 inclusivement jusqu'à l'expiration du premier semestre de 1868, des 100 actions du canal du Midi portant les nᵒˢ 201 à 300 qui leur ont été remises.

ARTICLE 4.

Ladite somme de 2,069,000 fr. portera intérêt au profit des héritiers de Caraman à partir du 27 mai 1869.

Les intérêts échus seront capitalisés aux dates des 4 septembre 1872, 5 juillet 1874 et 18 février 1878, pour produire eux-mêmes intérêt à partir de ces dates.

ARTICLE 5.

Le grand chancelier de l'ordre national de la Légion d'honneur est condamné aux dépens.

ARTICLE 6.

Le surplus des conclusions du sieur Rouxel ès nom est rejeté.

ARTICLE 7.

Expédition de la présente décision sera transmise au garde des sceaux, ministre de la justice, et au ministre des finances.

Délibérée dans la séance du 11 juillet 1879, où siégeaient MM. du Martroy, président de la section du contentieux; présidant; Aucoc, président de section; Tranchant, de Ségur, Le Trésor de la Rocque, de Montesquiou, de Bellomayre, Perret, David, Decrais, conseillers d'État, et Gomel; maître des requêtes, rapporteur.

Lue en séance publique le 12 août 1879.

9 782013 339469